DE L'ORDRE
ET DU DÉSORDRE,

ET

DE L'ORDRE DU JOUR.

IMPRIMERIE MOREAU,
rue Montmartre, n°. 39.

DE L'ORDRE

ET DU DÉSORDRE,

ET

DE L'ORDRE DU JOUR;

PAR JÉROME-JOSEPH DE MOMIGNY,

Auteur de la seule vraie Théorie générale de la musique.

PARIS,

CHEZ { PONTHIEU, Palais-Royal, galerie de Bois, n° 52,
DELAUNAY, Palais-Royal, galerie de Bois;

Et chez CHARLIER, à Bruxelles.

1825.

DE L'ORDRE ET DU DÉSORDRE,

ET DE L'ORDRE DU JOUR.

Dans les êtres et les choses, dans les familles et les états, dans les mondes et l'univers, tout est ordre ou désordre, union ou désunion, arrangement ou dérangement, conduite ou inconduite, construction ou destruction, bien ou mal, vie ou mort.

Si les mondes dont se compose l'univers, par leur ordre, leurs mouvemens, la vie et l'intelligence des êtres qu'ils renferment, et même par leur matière, n'appelaient une intelligence suprême, créatrice de tout ce qui n'est pas elle, et qui est sans avoir été produite comme cause première de tout ce qui existe, il faudrait que cet univers fût Dieu lui-même, et qu'il ne pût finir comme n'ayant pas commencé.

Mais l'univers n'étant qu'un mot par lequel on désigne les divers systèmes qu'on croit avoir chacun un soleil pour centre de gravitation, il faut bien remonter à l'unité intellectuelle de ces différentes unités sensibles, au centre unique de tous ces centres, à l'âme universelle de tous ces mondes pour en expliquer l'ensemble, pour leur assigner une autorité commune et un but; car l'univers ne peut exister sans objet, et cet objet ne peut être que Dieu lui-même, principe et fin de toute chose.

Dieu, n'étant rien de ce qui est quelque chose pour nos sens, ne se révèle qu'à notre âme, qui, pure intelligence, ne se fait connaître elle-même à nous que par la conscience et le raisonnement.

C'est comme raison universelle, créatrice et ordonatrice des mondes, que notre intelligence conçoit la nécessité absolue de l'existence d'un Dieu, et reconnaît cette existence elle-même dans tout ce qui est ordre et justice, et conséquemment dans l'ordre physique comme dans l'ordre intellectuel.

L'auteur du monde est le seul qui soit créateur; l'homme ne fait que sous-ordonner les êtres et les choses de la création, comme principale intelligence de la terre, comme ordre qui conçoit le plus d'ordres, et la seule intelligence à laquelle l'univers et l'éternité s'annoncent et s'expliquent ici bas.

Toute vérité étant l'affirmation d'une existence, et toute existence venant du Créateur, l'homme, en rencontrant par hasard des vérités, ou en les découvrant par l'étude, la réflexion et la force de son jugement, n'en invente aucune; il les déduit seulement les unes des autres dans un ordre plus ou moins parfait, enchaîne les idées avec plus ou moins d'exactitude ou de profondeur; telles sont ses créations, toutes secondaires.

Ainsi, vie, intelligence ou âme, et jusqu'à la matière elle-même, tout vient de Dieu. L'homme modificateur ne peut joindre la vie ni une âme à aucun de ses ouvrages qui ne peuvent, tous ensemble, révéler que l'existence de son intelligence à lui-même, et non en posséder une, les ouvrages du Créateur ayant seul ce privilège..

Ainsi que Dieu est à la tête des mondes comme unité nécessaire à leur ensemble, et comme autorité créatrice, conservatrice et paternelle, un roi est à la tête des provinces de son royaume, un père à celle de sa famille.

Toute autorité est paternelle de sa nature,

si elle est légitime, et non celle de la violence et de l'usurpation. Inhérente à l'unité, c'est par l'une et l'autre réunies que les noms collectifs individualisent et personnifient, à bon droit, les familles, les peuples, les régimens, les armées, les mondes et l'univers.

Sans l'unité et l'autorité de Dieu, qui ne font qu'un seul être de tous les mondes créés par sa puissance, le mot univers serait inutile, puisqu'il peindrait une idée dont rien ne réaliserait l'existence.

Il en serait de même de ceux de royaume, d'État, de famille, d'armée et autres, puisque chacun de ces mots personnifie une collection d'individus plus ou moins nombreuse. Il en serait de même encore à l'égard de chaque mot propre; car il n'est aucun individu ou aucune chose qui ne soit composé de plusieurs, soit semblables, soit différentes entre elles. L'unité est donc nécessaire et inhérente à toute existence, soit individuelle, soit collective.

Sans père, point de famille; sans roi, point de royaume; sans Dieu, point d'univers.

Comme un père est au-dessus de chacun et de tous ses enfans réunis, un roi est au-dessus de chacun et de tous les hommes de son royaume pris ensemble, comme au-dessus de chacune et de toutes les sous-autorités de son autorité.

La souveraineté du peuple, qui n'est que la souveraineté des enfans, est une extravagance en principes, et le désordre en action; et c'est pourquoi nos pères simulaient cette royauté, de la folie une fois l'an, au jour des Innocens, où les valets étaient maîtres; les pères, enfans; cette fête était à la fois un divertissement de carnaval et une leçon de la sagesse, qui prouvait que l'autorité appartient à l'unité et non à la pluralité, au nombre. Une pyramide, qui a sa base dans les airs et sa pointe en bas, figure à merveille cette souveraineté du peuple, bouleversement de tout ordre, monde renversé. Ce sont là les merveilleuses trouvailles de l'esprit révolutionnaire, et la doctrine qu'il ne cesse de prêcher directement ou indirectement, aux masses dont il aurait troublé toutes les idées saines et naturelles, si le bon sens populaire pouvait s'anéantir, et s'il ne reconnaissait le lendemain ses méprises, ses illusions de la veille. Le charlatanisme régicide imprime que nous n'avions, sous l'ancien régime, ni constitution, ni patrie, et que nous lui sommes redevables de l'une et de l'autre. Mais le mot patrie ne vient-il point de père, et sans père est-il une patrie?

La patrie particulière tient au chef de chaque famille; la patrie générale au chef de toutes les familles; et ce serait depuis que la France aurait été privée de son père que les Français auraient eu une patrie? Quelle contradiction, quelle impudente absurdité!

Je sais que le matérialisme ne voit la patrie que dans la circonscription territoriale, laquelle, de diminution en diminution, pourrait se réduire en un tas de boue, patrie bien digne de tels patriotes; mais est-ce ainsi qu'elle doit se concevoir et s'envisager? N'est-il rien de moral et d'intellectuel en nous, et le sentiment, la vertu, l'honneur et le génie ne sont-ils aussi que de la boue ou une portion de cette circonscription territoriale, patrie des révolutionnaires? Interrogeons les monumens de nos pères pour apprendre qui d'eux ou de nous entendaient le mieux l'art de constituer un peuple et de lui donner une patrie.

Quels sont ces palais des palais, ces temples des temples, ces dômes des dômes? Ceux de l'Éternel, principe et fin de toute chose; ceux du Père de la patrie des patries : ce sont les monumens érigés par les âmes à l'âme de l'univers. N'est-ce pas là commencer l'ordre pa. sa vraie base? et pour régler le monde, qui se règle par l'âme, ne faut-il pas lier l'âme elle-même à son régulateur par la religion, ce signe sensible de la société spirituelle; société qui subsistera encore quand toutes les temporelles auront fini avec le temps lui-même? Que des hommes qui ne s'élèvent jamais plus haut que le sol où ils sèment le désordre et l'erreur, osent nous redire après cela que nos pères ne concevaient pas l'ordre et n'avaient pas de contrat social; un démenti plus formel peut-il leur être donné que celui qu'ils reçoivent de la religion du haut de ces dômes, du sein de ces tabernacles? Quel est ensuite ce palais qui domine tous les palais des grands de la terre? C'est celui du roi, père de la patrie terrestre et temporelle. La convenance et la proportion sont donc encore gardées ici, et cet ordre des monumens atteste l'ordre des idées et des lois, et tout cela ne vaudrait pas mieux qu'une constitution athée et sans-culotique?

Qui nous a conduits à cette horrible et ignominieuse démagogie à laquelle appartient l'épithète si digne d'elle, dont nous venons de nous servir à dessein? Les états-généraux. Ces états métamorphosés, de leur propre autorité, usurpatrice et révolutionnaire, en assemblée dite *nationale*, qu'ont-ils fait dans l'affreux drame en trois actes dont ils nous ont donné le scandale corrupteur?

Au premier de ces actes, sous le nom d'assemblée *nationale*, ils ont détrôné le roi.

Au second, sous le nom d'assemblée législative, ils l'ont emprisonné.

Au troisième, sous celui de convention, ils l'ont conduit à l'échafaud.

Ainsi s'expliquèrent les trois couleurs énigmatiques de la révolution, le rouge, le blanc et le bleu, signifiant que le sang du juste et de l'innocence serait versé à la face du ciel. Le cri précurseur de cette révolution fut : *Écrasons l'infâme!* et c'est du haut de la nouvelle tour de Babel ou du babil, nommée Encyclopédie, que Voltaire, l'oracle de l'impiété, proclama, en ces termes, l'arrêt de mort de la religion, qu'il appelait fanatisme, pour l'anéantir, sans qu'aucun ne prît sa défense.

Ainsi fut mené à la mort le plus vertueux des rois, Louis XVI, sous le nom de *tyran;* car les révolutionnaires donnent d'odieuses qualifications à tout ce qu'il y a de plus respectable, afin d'en opérer impunément la destruction; et c'est toujours d'après l'affiche du bien, ou sous les étendards de la vertu ou de la gloire, qu'ils ont fait tout le mal et commis tous les crimes. Le mot de liberté, qui fut le premier que la populace élança dans les airs, signifiait *liens sociaux, brisez-vous, et tombez à la voix du désordre !*

La seconde version de ce mot fut : *passions et scélératesse déchaînées, immolez la société qui vous flétrit et vous repousse de son sein;* et enfin, *brigands, scélérats, votre tour est venu, mettez hors la loi tous ceux qui sont dedans, puisque vous seuls faites la loi et la devez faire selon votre brutale férocité.*

Pourquoi le mot *égalité* fut-il ajouté à celui de *liberté?* C'est que pour révolutionner au gré des états-généraux, poussés par l'ambition la plus désordonnée et par tous les ennemis jaloux de la France, il fallait que tout l'ordre, qui n'était pas aux ordres des meneurs de ces états, fût renversé pour en établir un qui leur fût tout soumis. Il fallait que le roi et son peuple fussent trahis sur tous les points. Il fallait que toutes les hiérarchies, ces pyramides vivantes de l'édifice social, fussent démolies pièce à pièce par l'hypocrisie révolutionnaire, ou s'écroulassent avec fracas sous son audace, aidée de toutes les dupes et de tous les insensés qui aiment le bruit, les spectacles nouveaux, et qui s'amusent à dépécer l'ordre ou à le renverser, comme les enfans détruisent leurs jouets et tout ce que l'imprudence leur confie.

Mais pour arriver à un ordre nouveau, il fallait passer par la route criminelle et insensée de l'anarchie, et c'était là que nous attendait l'ennemi du monde.

Si les masses curieuses et imprévoyantes mêlent souvent leurs voix aux vociférations coupables des scélérats stipendiés par les factieux, à tant la journée de désordres et de crimes, ce n'est que quand ces masses croient appuyer une justice, et non autoriser une mauvaise action ou solliciter un forfait lâche et ignominieux. S'il en était autrement, on ne les verrait pas applaudir partout à un trait de bonté, à une injustice réparée, à un dévouement généreux, et à la punition éclatante d'un parricide. S'il n'en était pas ainsi, la suite de la révolution française eût été la fin du monde. Mais quoiqu'elle ait égorgé les prêtres, égorgé le roi, renversé les églises et le trône, la révolution n'a point éteint les consciences, et celles-ci ne peuvent être sourdes à la voix de l'ordre que dans un délire passager. L'ordre est le véritable arbre de vie et de la liberté; car sans ordre, il n'est de liberté pour personne au monde; cet ordre étant tout à la fois la justice, l'humanité, la religion, la gloire, la vertu, le génie, puisqu'il se compose de tout cela, s'il est l'ordre général, l'ordre que la conscience et la raison appellent partout et d'une voix unanime.

Aussi, nous le répétons : c'est sous les enseignes du bien que le mal se fait par les peuples, et c'est ce qui justifie cet adage : *Vox populi, vox Dei*.

Aucune bouche tribunitienne, aucun drapeau n'a jamais dit : Marchons glorieusement à l'incendie, au massacre de l'innocence pour la piller et nous enrichir. Mettons-nous cinquante mille assassins contre dix mille soldats armés pour défendre l'ordre et la société, et nous renverserons et cet ordre, et cette société à laquelle nous enlèverons, en un jour, le fruit de cent ans de travaux et de civilisation.

Ces formules seraient trouvées trop naïves par les meneurs politiques, et trop révoltantes de scélératesse et d'infamie par le grand nombre, qui veut toujours pouvoir avouer ses actions, et même s'en glorifier comme étant franc et généreux, et non fourbe et lâche comme la tactique révolutionnaire.

Le parlement de Paris, en refusant d'enregistrer deux impôts devenus nécessaires, n'a pas dit : Mettons-nous en révolte contre l'autorité du roi, mais défendons la propriété et l'industrie attaquées par l'impôt territorial et le timbre.

Les états-généraux ne dirent pas non plus : Français, nous allons détrôner, emprisonner et égorger votre père et votre roi pour le remercier de nous avoir appelés à l'honneur insigne de nous occuper avec lui du soin d'assurer votre bonheur, ce bonheur étant le dernier de nos soucis; mais ils ont dit tout haut : Soyons l'assemblée nationale, et tout bas ils se dirent, entre quelques affidés : *Soyons la nation elle-même, soyons tout!* cependant que Louis XVI soit le pouvoir exécutif en attendant qu'il soit exécuté : nous perdrons la Reine en l'appelant madame *veto*.

A-t-on besoin de fournir les preuves de ces beaux desseins patriotiques? Que vit-on dans les premiers jours de cette grande calamité qu'on prit pour l'aurore d'un ordre plus complet, plus royal, plus paternel? Le buste du protestant et génevois Necker, porté processionnellement et en triomphe. Qu'annonçait cette indiscrète ovation, cette naïveté révolutionnaire? Que le protestantisme voulait détruire l'unité monarchique, comme il avait détruit l'unité catholique : c'était le mot république prononcé symboliquement. L'ordre religieux étant le premier de tous les ordres que le désordre devait attaquer, le 2 septembre confirma cette menace par le massacre des prêtres.

La démagogie de Marat, autre Génevois, alla plus loin que la philosophie de Calvin et que la politique de Necker; elle nous fit athées et matérialistes, adorant, dans une courtisane, la déesse de la liberté.

Le conservatoire de musique se forma pour embellir ces fêtes sinistres, et Robespierre eut ensuite les honneurs du supplice national, pour avoir donné à Dieu un certificat d'existence, et à l'âme un brevet d'immortalité. Il devait être en effet traité en contre-révolutionnaire, rien ne l'étant plus que de ramener la France du dernier point du crime et de l'abrutissement, à la reconnaissance de Dieu et à celle de l'immortalité de l'âme. Il était tout simple que les complices de cet ambitieux le regardassent alors comme un faux frère, et qu'ils le chargeassent, en le faisant périr, de tous ses crimes et des leurs. Et l'on ose revendiquer chaque jour les droits de cette révolution!.....

Quels sont donc les hommes assez peu humains pour élever la voix en sa faveur? On aboie contre les jésuites; mais s'ils pouvaient être les fauteurs de quelque désordre, ne seraient-ils pas appelés par tous les vœux révolutionnaires? C'est donc comme amis de l'ordre qu'on les repousse, avec tout ce qui tend à le rétablir et à le consolider.

Cessez, Français, d'être la dupe de vos ennemis en vous divisant. En vain le désordre appelle à lui l'ordre, cet ordre ne pourrait céder, encore une fois, que pour le malheur de tous; c'est donc aux désordonnés à revenir à l'ordre. Il les attire à lui pour leur tranquillité et celle de l'humanité toute entière.

DE L'ORDRE DU JOUR.

On veut, dit-on, fermer partout l'abîme des révolutions; serait-ce en les souffrant et en les encourageant sourdement, ou, sans trop se déguiser, qu'on croirait atteindre ce but pressant? La haine qu'on porte en secret à la gloire toute pacifiante du Dauphin, prouve-t-elle bien véritablement que ce sont les rois et la légitimité qui règnent ? Ne serait-on pas fondé à penser que ce sont les ennemis des trônes légitimes qui font mouvoir les fils de cette ténébreuse intrigue du génie du mal, lequel se met partout à la place de l'autorité souveraine?

Ne devrait-il pas en être des excommuniés politiques comme des autres excommuniés, et comme des hommes bannis de la société ?

Communiquer et commercer avec eux, n'est-ce pas trahir l'ordre général, n'est-ce pas leur sacrifier les rois et l'humanité ?

Reconnaître tel gouvernement révolutionnaire que ce soit, c'est mettre le monde entier en péril ; c'est déclarer que la terre est mise de nouveau au concours, en faveur de la rébellion et du brigandage.

Peut-il exister un intérêt qui balance cet intérêt si haut, si général et si puissant de l'ordre, si légèrement mis en oubli par les imprévoyans, ou écarté avec une profondeur de perversité si abominable de la part des séditieux ou de ceux qui les mènent ?

Le génie qui ébranle vos trônes et l'ordre social, souverains, c'est l'orgueil de satan, c'est le génie du mal qui demande partout la destruction du bien par la bouche impie des fauteurs de la révolution. La liberté de faire le mal ôte la liberté de faire le bien; car tout ce qui n'est pas révolutionnaire est noté par la scélératesse, comme devant être dévoué à sa vengeance.

Depuis l'établissement de notre manufacture de lois, de procès généraux et de chicanes quotidiennes, qu'avons-nous acquis, sinon plus d'incertitudes, de confusion et de mauvaise foi? Jouets de la plus noire perfidie, nous avons la simplicité de remettre annuellement en question tout l'ordre social qui n'a plus rien de fixe, et ressemble à un vaisseau inachevé et flottant, dont on embrouille à dessein les cordages, en attendant qu'on ose de nouveau raser sa mâture? Pourquoi formons-nous deux peuples dont l'un dit oui, quand l'autre dit non? Est-ce en faveur de l'ordre et de la paix qu'il en est ainsi, ou est-ce pour fournir à la politique étrangère et ennemie de nos prospérités, des organes qu'elle salarie, pour que tout soit sacrifié aux passions et à ses intérêts aux dépends des nôtres? A quoi se réduit ce fameux système révolutionnaire, oligarchique et incontinental? A l'intronisation des ministres, destructrice de l'unité et de la stabilité monarchiques, et de l'autorité héréditaire et seule paternelle. Si les rois sont des pères, si les peuples sont leurs enfans, c'est donc pour ôter aux rois leur famille, et à ces enfans leur père, et en faire d'infortunés orphelins, que l'on violente les peuples.

Nous sommes en effet la proie ou la victime de l'intrigue et de la fourbe tribunitienne, depuis le régicide, dont les monarques et les peuples, trompés, n'ont pas assez compris les énormes et affreuses conséquences.

Qui nous a privés de trente-deux ans d'une civilisation toujours croissante au milieu de la paix, de l'ordre et de la politesse européenne? Une infâme révolution qui nous avait fait descendre au-dessous des bêtes féroces. Les ennemis de l'ordre monarchique ne pouvant désavouer leurs crimes atroces, essayent d'en couvrir l'horreur avec les lauriers cueillis sur les champs de bataille; mais la bravoure, qui est tout ce qu'il y eut de français dans nos troubles, n'appartient pas plus à la révolution que la vertu qui se montra si héroïque sous la hache républicaine. Après trente ans d'attentats et de malheurs, ne serait-il pas temps encore de renverser jusqu'au dernier des tréteaux de cette infernale jonglerie?

Pardonnons aux hommes tout le passé, puisque tous les rangs ont eu des torts; mais que la pyramide sociale, dominée par notre monarque adoré, ne permette plus que dans aucun de ses étages, le mal ait un organe ou un appui. Soyons sans pitié pour les doctrines subversives de l'ordre, personne n'étant maintenant forcé de les soutenir et de les propager. Que l'esprit révolutionnaire, qui a tout faussé sous Louis XVIII et qui se promet de tout infecter encore sous Charles X, soit complètement déçu et repoussé. Qu'un ordre aussi pur que le cœur de notre roi, aussi noble que son caractère, et aussi aimable que sa politesse, oblige enfin l'esprit des ténèbres à sortir de tous les esprits, et à rentrer pour jamais, avec toutes ses fatales inventions, dans les gouffres infernaux d'où la révolution nous est venue; et libres des chaînes honteuses du crime, du matérialisme et de la rébellion, que la France et l'humanité respirent enfin, et rendent grâce à la Divinité, en saluant avec amour tous les trônes paternels, garants de l'ordre et de la félicité des peuples!

FIN DU PREMIER NUMÉRO.

www.ingramcontent.com/pod-product-compliance
Ingram Content Group UK Ltd.
Pitfield, Milton Keynes, MK11 3LW, UK
UKHW020550230726
13925UKWH00006B/2510

9 782013 446440